AF189624

Seelentaumel

Warum „Seelentaumel"?

Ist das Leben nicht wie ein Jojo? Und schwingt die Seele nicht mit? Ich meine doch.
Lies' selbst! Und du wirst dich irgendwo wiederfinden.
Ob nur teilweise oder als ob du dich ganz mit Manchem identifizieren kannst oder auch Gedankenfetzen, die dir gar nicht so bewusst waren.
Vielleicht fühlst du dich am Ende auch nicht mehr so allein.
Dies ist ein Mix aus Geschichten, Gedichten, Gedanken, Grübeleien, Satire.

Neugierig geworden? Na dann, los geht`s!

Illustration

Sabine Gleißberg

Inhalt

11 Du

13 Lebenslinien

16 Mama

20 Der eitle Baum

23 Du sagst, du liebst mich

30 Zustand

34 Nach Hause

45 Ausgebrannt

49 Muttertag

53 Verirrt

60 Familienglück

64 Hilflos

71 Nur ein paar Minuten Leben

74 Kaputt

77 Fair

83 Strafe

86 Durchgedreht

91 Zweiundneunzig Stufe Drei

94 Kampf – Mampf

98 Abgrund

105 Fratze

111 Müde

113 Falsches Spiel

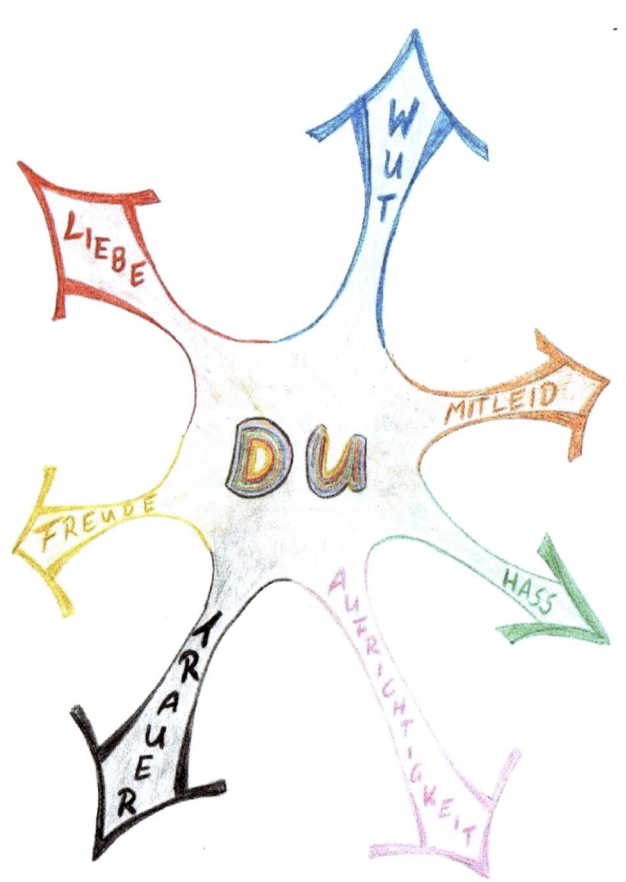

Du!

Wenn du schreien willst – schreie!
Wenn du weinen willst – weine!
Wenn du rennen willst – renne!
Wenn du fluchen willst – fluche!
Wenn du schlafen willst – schlafe!
Wenn du reden willst – rede!
Wenn du schweigen willst – schweige!
Wenn du stark sein willst – sei es!
Wenn du kraftlos bist – ruhe!
Wenn du wütend bist – brülle!
Wenn du allein sein willst – schick alle weg!
Wenn du zweifelst – schaue in den Spiegel!

Da bist DU – dein Mittelpunkt!

Lebenslinien

Ein Bild in der Zeitung – ich muss innehalten,
seh` ein altes Gesicht mit vielen Falten.
Eine Frau stützt es mit knochigen Händen.
Das Bild will eine Botschaft mir senden.
Ich schaue es an und sehe genau
Die Lebenslinien dieser Frau.
Ein rotes Tuch auf ihrem Kopf
Verdeckt nicht ganz den grauen Schopf.
Wallend umfliesst`s die gegerbte Haut,
aus der sie mit schwarzen Augen schaut.
Sieht mich direkt an und scheint zu sagen:
‚Es nutzt kein Jammern und kein Klagen.
Nimm du dein Leben in die Hand
Und steck den Kopf nicht in den Sand.
Fehler passier`n, doch du lernst auch daraus –
Beim nächsten Mal besser, du erntest Applaus.
Manche Wege sind steinig – andere glatt,
doch man kann alles schaffen, wenn man Mut dazu hat.'
Sie denkt zurück an ihr Labyrinth,
das sie betreten hat als Kind.
Abgründe vor ihr – da half auch kein Fluchen,
sie musste für sich einen neuen Weg suchen.
Es gab viele Mauern, die Gänge verstellt,
dass sie sich oft meinte am Ende der Welt.
Sie kehrte um – einen Schritt zurück,
schluchzend jetzt einen Ausweg im Blick.
Bald stand sie schon vor der nächsten Hürde,
den Berg überwand sie mit Kraft und Würde.
Sogleich machte sich ein Fluss vor ihr breit,

den sie durchschwamm in Schuh`und Kleid.
Ein Sturm aus Sorgen kam auf sie zu,
doch auch das brachte sie nicht aus der Ruh`.
Sie hat sich ihnen ganz tapfer gestellt -
Eins nach dem andern geschafft aus der Welt.
Ihr Weg war jetzt frei und irgendwann
Kam sie am Ziel ihres Lebens an.
Trotz vieler Sorgen und ewig Verzicht -
Zufrieden und müde ihr schönes Gesicht.

Mama

Hast mich mein Leben lernen lassen
Und mich niemals belehrt
Hast aufgepasst im Hintergrund
Dass es nicht läuft verkehrt.

Du bist der Fuß in meinem Hintern,
wenn mich mal der Mut verlässt,
wenn ich denk, es geht nicht weiter
und bin dann total gestresst.

Du bist der Kompass in mein`m Urwald
Und der Wellenbrecher am Meer,
Wenn ich den Weg allein nicht finde
Oder alles stellt sich quer.

Du bist das Schließfach für meine Sorgen,
machst mir Mut – es gibt ein Morgen.
Beschützt mich wie ein Bodyguard,
wenn ich`s selber nicht vermag.

Wenn`s mich erwischt und ich bin krank,
bist du da, hältst meine Hand.
Steig ich den Lebensberg hinauf,
hast du die Leine und fängst mich auf.

Du bist der Fallschirm, wenn ich stürze,
in meinem Essen die Gewürze.
Du bist der Manager und Bäcker,
bist der Kellner und der Koch.
Und bin ich doch mal `reingefallen
Ziehst du mich wieder aus dem Loch.

Sprichst mit Behörden und zerteilst die Zeit,
bist zur Verhandlung mit Ämtern bereit,
wäschst meine Klamotten und bügelst danach –
man hört nie ein Klagen, kein Weh und kein Ach.

Du bist das Netz unter`m Drahtseil,
die Notbremse im Bus,
das Taschentuch für Tränen,
wenn ich weinen muss.

Du bist die Zunge, die meine Wunden leckt,
der Wegweiser, wenn ich im Labyrinth steck.
Du bist die Putzfrau, die Ordnung schafft
Und die Tankstelle für neue Kraft.

Meine Oase, in der ich Ruhe find
Und die Geborgenheit als Kind.
Setzt Prioritäten und gibst niemals auf,
deine Wärme und Liebe – Kinder bauen darauf.

Mama, du bist nicht nur unser Chauffeur –
Auch Einkäufer, Gastgeber, Hausfrisör.
Und das machst du alles ohne Entgelt –
Du bist das Herzstück meiner Welt.

Der eitle Baum

Ich glaub, ich bin ein Baum
Recht stattlich anzuschaun
Hab einen dicken Stamm
Mit vielen Ästen dran
Und noch mehr grünen Blättern
Man kann auf mir gut klettern
Doch was ist das?!
Ich spüre was!
Nichts Gutes, nein!
Das darf nicht sein!
Es kribbelt und krabbelt
Und beißt und zappelt!
Ne ganze Armee
Ameisen – oh weh!
Meine Wurzel als Bau
Die sind ganz schön schlau!
Jetzt sind sie im Stamm
Und arbeiten dran
Sich Gänge zu baun!
Die solln doch abhaun!
Oh, was eine Not!
Mein sicherer Tod!
Ich sehe mich um –
Meine Nachbarn sind stumm
Sie starben voll Qual
Und nun sind sie kahl.
Wie ist das gescheh`n
Dass ich`s nicht geseh`n!
Hab nur an mich gedacht
Ob Tag oder Nacht.
Und nun ist`s vorbei
Hilft keine Jammerei

Jetzt hat`s mich erwischt
Mein Glanz langsam erlischt.
So soll die Strafe sein
Ich gehe kläglich ein.

Du sagst, du liebst mich

Dieses große Wort LIEBEN –
Ist das nicht übertrieben
Für das, was du fühlst?

Meinst du nicht eigentlich besitzen
Statt wie ein Held mich zu beschützen
Gegen alles und jeden?

Du denkst, mich zu lieben.
Wo ist die Leidenschaft geblieben,
die uns früher schwitzen ließ?

Wo ist das gemeinsam?
Zusammen einsam.
Das sind wir – jeder für sich.

Der eine redet, der andere tut.
Ist das für eine Beziehung gut?
Macht man nicht alles miteinander?

Meinst du wirklich mich
Und nicht mein altes ICH,
das es schon längst nicht mehr gibt?

Du willst nicht akzeptier`n
Und versucht zu ignorier`n,
dass ich anders geworden bin.

Bin nicht mehr das Schaf –
Artig und brav.
Kennst du mich noch?

Ist dir das zuviel?
Liebe ist nicht nur Spiel.
Willst du das noch?

Du rammst Worte in Herzen
Machst seelische Schmerzen.
Und erwartest dann Zuspruch?

Du sagst, du liebst mich.
Warum fühl ich das nicht?
Bin ich schon zu sehr verletzt?

Was ist dein Bestreben?
Verurteilst mein Leben,
das vor dir stattgefunden hat.

Verlachst mich und spottest,
weiß nicht, was du wolltest.
Ein jungfräuliches Dummchen?

Wetterst über mich in höchsten Tönen,
im nächsten Moment willst du dich versöhnen.
Bin ich dein Spielzeug?

Hast selbst Fehler gemacht
Nicht drüber nachgedacht.
War das denn besser?

Ich hab´s akzeptiert,
weil´s zum Lieben gehört.
Und du?

Führst dich auf, wie ein Stier,
willst Liebe von mir.
Wie soll das geh´n?

Gehirn ausschalten
und nur Körperlichkeiten.
Ohne Gefühl?

Lobst mich und machst mich nieder,
in einem Satz – immer wieder.
Was soll ich noch glauben?

Wo ist das Vertrauen?
Das zueinander aufschauen?
Verschlissen?

Wollten wir nicht das gleiche?
Wo war nur die Weiche,
die uns auseinandertrieb?

Was ist mit den Kindern?
Sind´s die, die verhindern,
dass wir auseinander geh´n?

Und ich hör aus deinem Mund –
Sie sind ein Grund,
dass wir uns oft nicht versteh´n.
Das kann doch nicht sein!

Sie sind ein Klotz an deinem Bein?
Und du willst Liebe von mir?
Wo ist der Vater, den sie vermissen?

Es ist ´ne Beziehung mit vielen Rissen.
Wie kann das weitergeh´n?
Wo ist der starke Mann,
an den man sich anlehnen kann.

Ohne, dass ein Vorwurf kommt.
Wo ist deine Hand, die meine nimmt,
wenn mir Träne für Träne aus den Augen rinnt?

Wo ist deine Stärke?
Wo ist der Partner, der mich festhält
Und nicht seine Frau in Frage stellt!
Und weshalb?

Darf ich bei dir schwach sein?
Mein Kopf wehrt sich – sagt nein!
Kann sich das ändern?

Skepsis und Mauern machen sich breit.
Die vertraute Liebe ist sehr weit.
Finden wir den Weg zurück?

Würdest du es bedauern,
dem jetzt nachtrauern,
wärst du morgen allein?

Ist der Rest noch zu retten,
der noch hängt an rostigen Ketten?
Der kleine Rest Liebe?

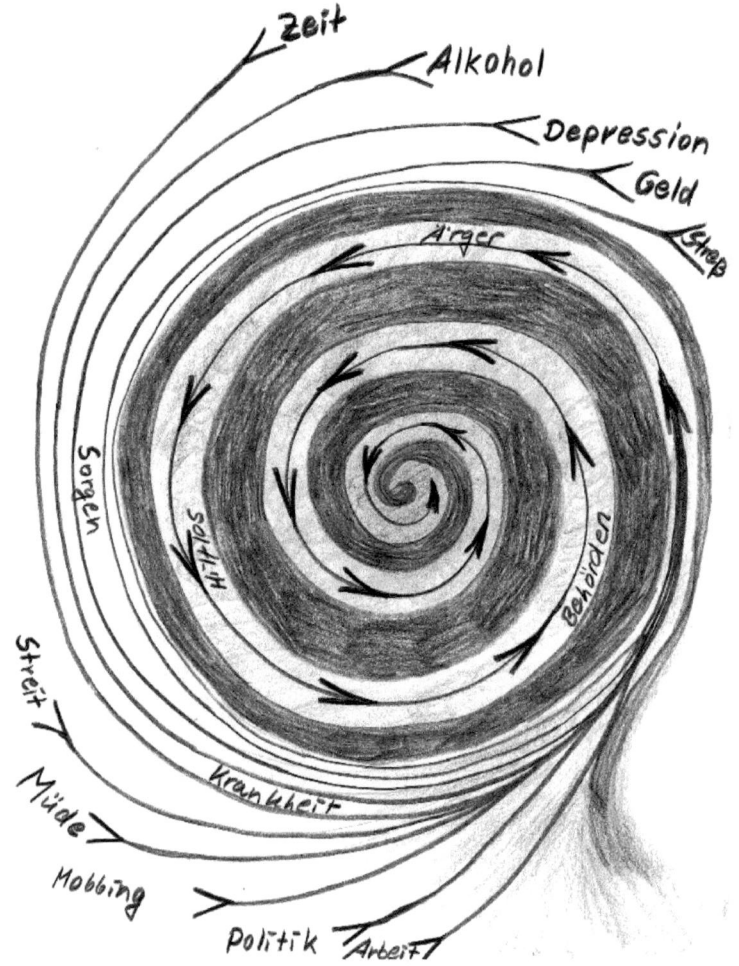

Zustand

totale Leere füllt mich aus
Warum?
weiß nicht
alles egal
Andere?
interessieren mich nicht
Mein Mann?
jedes Wort geht mir auf die Nerven...
und seine Stimme
die Kinder...
wollen nur Kleinigkeiten
zu viel
alles ist zu viel
sogar ich mir selbst
möchte aus mir rauskriechen
weglaufen
frisch und lustvoll wiederkommen
Sex
wozu?
Begehren
lästig
lasst mich in Ruhe
einkaufen?
wovon?
essen?
Nudeln mit nichts
mal wieder
na und
den Magen füllt`s
Blumen
im Hof
die Köpfe hängen

vielleicht gieß ich sie morgen
vielleicht auch nicht
Telefonklingeln
permanent
überhöre es
bestimmt Banken
warten auf ihr Geld
soll'n sie
Konto ist hoffnungslos leer
kenne es nicht anders
hoffnungslos
mein Zustand?
kein Licht
Zustand hängt auf mir
droht, mich zu erdrücken
gelähmt
kann nicht entkommen
soll Zustand verändern
wie?
kann nicht
bin leer
Augen, Herz, Kopf - leer

Nach Hause

Der Riegel der Kellerluke ist nicht eingeschnappt
Das erste Mal seit unendlich vielen Jahren
sie weiß nicht, wie viele
ihr Verstand ist in der einsamen Dunkelheit beinahe
verkümmert
doch der letzte Rest lässt sie erinnern
an den Tag
sie war fünf
als sie jemand gepackt und einfach mitgenommen hat
an die Schreie
an die Tränen
an die Angst
an das, was sie sich damals geschworen hat
NACH HAUSE

jetzt
es ist soweit
ihre Chance
sie reißt ein Stück Rock ab
von dem Klaid
das sie sich aus den gefundenen Gardinen geknotet hat
sie wartet noch
sie weiß, er ist alleine
jetzt hört sie ihn endlich
den verhasst vertrauten Klang des alten Pick up
entfernt sich
immer weiter
ist nicht mehr zu hören

Jetzt
mutig
entschlossen

voller Kraft
sie kann kaum stehen
so niedrig ist die Kellerdecke
sie stößt die Luke auf
Augen zu
Licht tut weh
aber sie springt hoch
stößt sich mit ihren nackten schwarzen Füßen an den Wänden
ab

Draußen!
vorsichtig öffnet sie die Augen wieder
zu schmalen Schlitzen

die Tür
die Tür ist nicht verschlossen

ist Sommer?
oder Winter?
sie hat Glück
ein trockener schöner Sommertag

sie setzt langsam einen Fuß vor den anderen
vor die alte Holzhütte
in dem fremden Wald
sie fängt an zu laufen
schneller, immer schneller
die grünen Augen inzwischen ganz offen
sie brennen
egal
weiter

die langen roten verfilzten Locken hüpfen rhythmisch auf den
Schultern

sie rennt
wie betäubt
stolpert
fällt
steht auf
rennt weiter
zerkratzt sich die Beine
und das Gesicht
an kleinen Zweigen
sie spürt es nicht
die Füße bluten
sie spürt es nicht
ihr trockener Mund lächelt glücklich

endlich
eine Quelle
das klare kalte Wasser schmeckt
so gut, wie nichts Anderes auf der Welt
sie läuft am herrlich plätschernden Bach entlang
trinkt immer wieder
streichelt die vielen bunten Blumen,
die überall wachsen
versucht,
sich an die Farben zu erinnern
vor ihr ein kleiner See
der Bach fließt hinein
so, wie sie war
lief sie vorsichtig ins Wasser
es war nur bauchtief
und sie tauchte in das vom Schmutz erlösende Nass
wusch sich eine Ewigkeit das lockige Haar
das dreckige Gardinenkleid zog sie noch im Wasser aus
und schrubbte es
und hing es über den Ast

der über ihr ragte
die Spitze flatterte lustig im Wind
wie von Sinnen lachte
sprang
und spritzte sie umher
atemlos aber sauber
wie schon seit Jahren nicht mehr
stieg sie aus dem Wasser
schüttelte ihre Mähne
und kämmte sie mit den Fingern
das fast wieder weiße Kleid war getrocknet
sie zog es an
und lief weiter
ein paar Himbeeren
die sie fand
genoss sie wie ein Festmahl

langsam lichtete sich der Wald
vor ihr auf dem Feld
ein Mann
regungslos
die Arme zur Seite
eine ausgeblichene karierte Jacke
unter dem zerlöcherten Hut
sah ein freundliches Gesicht aus Stroh hervor
sie erinnerte sich
eine Vogelscheuche
lachte
und nahm die Puppe

und summte das Lied
das ihre Mutter immer gesungen hatte
und tanzte mit dem Strohmann im Kreis

die Sonne hatte längst den Zenit erreicht
und wanderte gen Westen
sie verabschiedete sich von dem Strohmann
und zog weiter
immer Richtung Sonne
auf dem Feldweg entlang
am Horizont zeigte sich eine Kirchturmspitze
das Bild kannte sie
sie wurde wieder schneller
immer schneller
sie rannte
sie erinnerte sich immer besser
das ist der Feldweg am Dorfrand
wo sie eigentlich nicht spielen durfte
Häuser kamen näher
aber die sahen so anders aus

sie wusste nicht
wer sie war
und wohin sie musste
runzlige Frauen in Schürzen und Kopftüchern
schauten sie flüsternd an
die Fremde
ohne Schuhe
im Gardinenkleid
die Alten gingen lieber weg
sie wusste nur
sie will nach Hause

und lief weiter
auf einmal stand sie auf dem Dorfplatz
der mit den glänzenden schwarzen Pflastersteinen
und jetzt?
wohin?

an der Litfaßsäule sah sie ein frisch geklebtes Plakat
zwischen herunterhängenden Papierfetzen
eine Bank stand davor
auf dem Plakat sah man ein fröhliches Mädchengesicht
eingebettet in roten Locken
aus dem ihr grüne lustige Augen entgegenlachten
darunter stand
„wo ist mein Kind?"
Bin ich das?
verzweifelt setzte sie sich auf die Bank
und hoffte
bei jeder vorübergehenden Frau
dass es ihre Mutter sei
viele Stunden vergingen
es wurde Abend
hungrig – wie immer
die Melodie summend
verharrte sie frierend zusammengekauert auf der Bank
müde
kaum noch die Augen auf

eine Frau blieb stehen
seit Jahren immer mehr zusammengefallen
in unmodernen Sachen
und mit einst glänzenden roten Locken
lauschte sie der ihr so vertrauten Melodie
sah sich um
und richtete sich plötzlich auf

die Melodie
die rote Haarpracht auf der Bank
auf die sie jede Stunde
jeden Tag
jahrein, jahraus

gewartet hat
fast verrückt vor Gram
ist sie es wirklich?

Nachbarn, Freunde
das ganze Dorf wandte sich von ihr ab
sie war allein

jetzt fangen ihre Augen an zu leuchten
und sie singt ihr Lied
und sie lacht ganz laut
und weint und läuft
zu ihrem Kind
das sie nie aufgegeben hat
das Mädchen auf der Bank schaute ungläubig
mit weit aufgerissenen Augen
völlig erstarrt
„Mama"
ist sie`s?
sie muss es sein
die Melodie
die Locken
die Frau stand vor ihr
berührte zaghaft ihre rote Mähne
und ohne Worte lagen sich Mutter und Kind
hemmungslos lachend und weinend in den Armen

„Mama!"
„Mein Kind!"
immer wieder berührten sie sich
streichelten sich
ihr beider Traum ist wahr geworden
sie haben sich wieder

und eng umschlungen gingen Mutter und Kind
summend und singend nach Hause
die roten Locken wippten im Takt

Ausgebrannt

Gejagt, gehetzt, ruhelos
Schneller sein als die Uhr
Die Zeit rast
Noch so viel zu tun
Schaffen – heute wieder nicht.
Unzufriedenheit, Unmut beherrscht mich.
Ich will
Die anderen was anderes.
Wieso?
Ich hab' doch recht!
Was ich sag' ist richtig, wichtig!
Versteht mich denn nur keiner?
Die sollen so ticken wie ich!
Missverständnisse
Zusammenbruch
Gehetzt, gejagt – von wem?
Von mir?
Von der Gesellschaft?
Vom Leben?
Peng! Kopf – Körper, Körper – Kopf, Kopf – Kö…….
Sicherung ist raus
Körper macht nicht mehr, was Kopf will
Kopfkarussell wird langsamer
Notstrom schaltet sich ein
Minimum erreicht.
Trance, Zeitlupe
Was ist passiert?
Warum funktioniere ich nicht!
Ging doch sonst immer – irgendwie!
Wehre ich mich gegen mich?
Hatten die anderen doch recht?
Abstand als Selbstschutz?

Hilfe!

Der Abstand wird kleiner.

Kurz bevor ich aufschlage – Fallschirm

Fallschirm – Familie – hat Risse

Harte Landung

Am Boden

Kann nicht aufstehen.

Will ich? Wozu? Wollen die das?

Ja!

Brauchen Hilfe. Schaffen wir es selbst?

Profis? Zu wenig zu fern.

Familie – Wort für Wort, einer zum anderen.

Autsch, hingefallen.

Viele Hände strecken sich entgegen.

Greif ich zu? Bin ich schwach?

Ja.

Ich nehme meinen Rest Kraft zusammen

Fasse alle Hände

Bin gerettet

Stehe auf

Höre zu.

Haben die anderen doch recht?

Schritt für Schritt für Schritt….

Geht ja besser!

Zum Springen und rennen fehlt noch der Sinn.

Langsam.

Ich spüre mich wieder!

Ich kann wieder sehen!

Wo war mein Leben!?

Muttertag

Alles Gute zum Muttertag, Schatz.
Hab` extra die schönen Pralinen von Weihnachten für uns
aufgehoben. Du weißt schon, die wir so gerne essen. Und
Blumen kannst du dir ja im Garten angucken.

Mongn. Alles Gute zum Muttertag. Hast du dran gedacht, dass
ich in `ner halben Stunde zu meiner Freundin gefahren werden
muss? Ich hab` keine Hose mehr im Schrank. Die bügelst du mir
doch noch schnell!?

Morgen Mama. Alles Gute zum Muttertag und so.
Ach, bevor ich`s vergesse; da hat `ne Katze meinen Blumentopf
`runtergeschmissen. Die ganze Erde liegt da rum. Ich kann
kaum treten. Musst du dann mal wegmachen.

Wir müssen sowieso saubermachen, Schatz. Heute.
Alles Gute zum Muttertag.
Und morgen wird Papier abgeholt – ist doch schon gebündelt,
oder?

Und hast du schon die Rechnungen bezahlt?
Nicht, dass wieder `ne Mahnung kommt.
Ich würd` gern frische Brötchen zum Frühstück.
Ist ja schließlich ein Feiertag heute. Du könntest doch mal
schnell losfahren, bist sowieso schon angezogen.

Alles Gute zum Muttertag!

Mama, was machst du heute zum Mittag?
Und außerdem wär` zur Feier des Tages ein selbstgebackener
Kuchen nicht schlecht. Du kannst das doch so gut. Ich brauch

auch morgen Geld für die Schule und noch die Unterschrift unter der sechs in Mathe. Die Lehrer sind ja so doof!

Alles Gute zum Muttertag!

Mama, bist du jetzt fertig? Wir müssen losfahr`n. Ach ich brauch noch Blumen für meine Schwiegermutter. Holst du mir noch schnell welche? Kannst dir ja auch welche mitbringen.

Alles Gute zum Muttertag!

Haben die Katzen schon frisches Futter?
Und sind die Klo`s schon sauber?

Alles Gute zum Muttertag!

Mama, Schatz, du siehst müde aus. Gönn dir mal Ruhe und mach nicht so viel. Wir brauchen dich noch!

Alles Gute zum Muttertag!

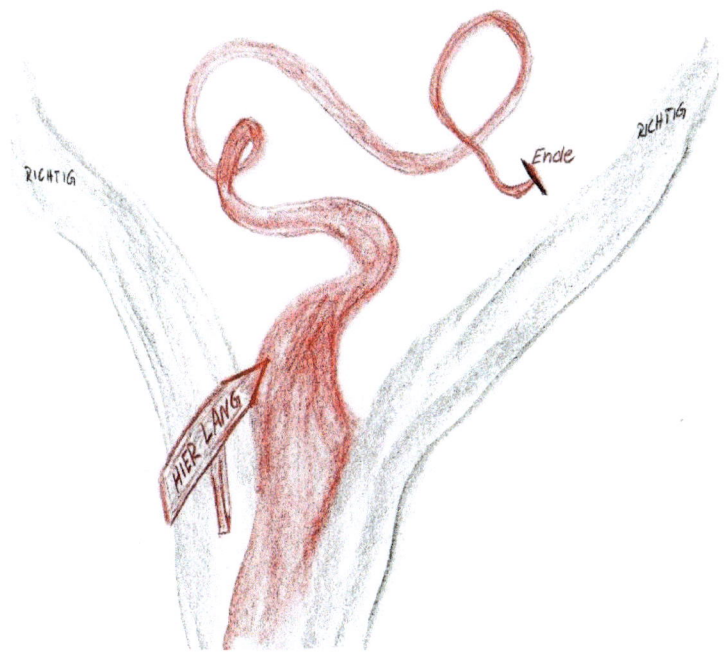

41

Verirrt

Zum nächsten Termin
Ich renne
Vorbei an leeren Schaufenstern
Flüchtig werfe ich einen Blick in eins
Erschrecke mich
Beinahe schon vorbei
Einen Schritt zurück
Bleibe steh`n
Ich sehe darin eine Frau
Eine fremde Frau
Ein Körper mit einem Gesicht
Wer ist das?
Bin ich das?
Aber wer bin ich?
Egal!
Weitergeh`n!
Geht nicht!
Meine Beine bleiben steh`n.
Meine Augen zwingen mich, hinzugucken.
Sie glotzen
Können DAS nicht ordnen
Irgendwas fast Totes in mir versucht, mich aufzuklären.
Hey, DAS bist wirklich du!
Wirklich ich?
Ich fasse mich an
Die im Schaufenster macht das auch!
Ich strecke die Zunge `raus
Die im Schaufenster macht das auch!
Ich!
Ich bin`s!
Nein, mein Körper und mein Gesicht
Versteckt unter Schminke und

Verkleidet
Klamotten – fremd!
Schein!
Bin wie in Trance
Aufwachen aus einer viel zu langen Narkose
Die Zellen in meinem Kopf begreifen langsam,
dass das Einbahnstraßenschild falsch herum steht
Fatal
Fast
Wo war ich?
Was war mit meinen Zellen los?
Meine Brille war schon dunkelrot
Ich wollte sie unbedingt loswerden
Jetzt!
Damit ich DAS im Schaufenster besser sehen kann
Ich reiß mir das Ding aus dem Gesicht,
werfe es in den überfüllten Mülleimer an der kaputten Tür
Ich stopfe das Ding ganz nach unten
Erkenne die anderen tiefroten Brillen darin
Ein paar Zellen schwimmen schon richtig `rum
Was, so viele Brillen?!
Ich bin nicht die Einzige?
Laufen umher wie Zombis!
Aufwachen!
Ich sehe wieder ins Schaufenster
Der Wind wirbelt die mühsam geformte Frisur durcheinander
Wild – wie früher
Als ich noch ich war
Stück für Stück kommen die Erinnerungen
Wer bin ich geworden?
Warum?
Geblendet vom scheinbaren Wohlstand,
vom Habenwollen, vom Mehr!?
Sklave der Gesellschaft und meiner selbst

Unmerklich
Unaufhaltsam
Ungeformt
Gepresst
Erpresst
Unwissentlich
Die Fremde geworden
Will ich das sein?
Die Fremde?
Einzelne Staubkörnchen Bewusstsein versammeln sich in mir
Ein letztes Tröpfchen Willen kämpft sich dazu
Sie verbinden sich
Zu einem immer größer und stärker werdenden Klumpen
Der Klumpen ist voll mit Zukunft
Verdrängt das fremde Ich im Schaufenster
Stöckelschuhe aus!
Den engen Rock einreißen, damit ich rennen kann
Die falsche Einbahnstraße zurück
Nach Hause
Keiner da
Gut so
Schnell zum Spiegel
Putzen, putzen, putzen.
Ich schrubbe mir die Falschheit aus dem Gesicht
Bis es rot ist
Das zerzauste Gewirr auf meinem Kopf öffnen
Die gefärbten Haare hängen ungekämmt um mein wirkliches
Ich – Gesicht
Wo ist der Müllsack?
Schnell her damit!
Fremde Klamotten rein, Schminke weg!
Fast nichts mehr im Schrank
Ganz unten hinten finde ich meine uralte ausgefranste Jeans
und

mein Lieblings-T-Shirt
Meine Träume-Klamotten!
Passe ich noch rein?
Ja, besser als früher
Schuhe? Wozu?
Mein Blick geht zum Spiegel
Da bin ich!
Das bin ICH!
Ja!
Ich mach`mir einen Pott Kaffee.
Grüner Tee?
Müsli?
Weg damit!
Ein dickes Stück Torte muss es sein!
Mein ICH – mein SELBST-BEWUSSTSEIN ist wieder da!
Mein Gewissen auch
Was habe ich meiner Familie angetan!
Gibt es sie eigentlich noch?
Ich sehe nach
Die Hausschuhe stehen noch da
Aufatmen
Irgendwas fehlt noch
Eine heiße Welle fährt durch meinen Körper
Es fällt mir ein
Schnell und mit einer unendlichen Zufriedenheit schreibe ich
einen Zettel -
Meine Kündigung
Ich habe etwas wiedergefunden
Das mir fast durch die Hände geglitten war
Habe keine Zeit mehr
Mich für Fremde zu prostituieren
Habe den glitschigen Schleim abgewaschen
Ab jetzt halte ich es fest
Mein WIRKLICHES ICH!

Familienglück

„Mama, warum bist du nie zu Haus?
Und wie sieht`s mit neuen Klamotten aus?
Ich brauch` noch `ne Hose und `n T-Shirt dazu
Und außerdem noch passende Schuh`.

Und, Mama, ich kriege noch Taschengeld!
Und hast du die Schulbücher schon bestellt?
Mama, wann kommst du denn heute heim?
Drehst du mir dann noch Locken ein?"

„Und meine Haare sind zu lang!
Schieb`s Schneiden nicht auf die lange Bank!
Ich will doch morgen ins Kino geh`n,
mit meiner Freundin `n Film anseh`n.

Und vorher noch beim Chinesen essen,
nur ohne Kohle kann ich`s vergessen.
Und warum rackerst du wie ein Tier!
Wir brauchen dich doch alle hier!

Mein Zimmer sieht aus, hab nur dreckige Sachen!
Du musst von der Arbeit mal Pause machen!"
„Und, Schatz, das Unkraut lässt schön grüßen,
es kann ungehindert sprießen.

Und wie siehst du denn eigentlich aus?
Deine Augenringe sind ja ein Graus!
Der Kühlschrank ist schon wieder leer.
Du musst doch noch einkaufen, bitte sehr!"

„Was gibt`s heut` zu essen, wann ist es soweit?
Hast du noch nicht gebügelt mein neues Kleid!?"
„Die Lehrstelle hat mir `ne Abfuhr verpasst!
Lag an der Bewerbung, die du geschrieben hast!"

„Und noch dazu hab` ich in Mathe `ne Vier,
weil du keine Zeit hast zum Lernen mit mir!"
„Übrigens brauch` ich ein neues Handy,
mein altes Ding ist nicht mehr trendy!

Das kostet doch zweihundert Euro nur,
ich mach` mich gleich mal in die Spur."
Die Arbeit ruft an – „Bitte melde dich mal.
Es mangelt schon wieder an Personal.

Dein Wochenendfrei kannst du später machen."
Soll ich jetzt weinen oder lachen?
„Ja, Schatz; dann nutz doch gleich die Chance
Und frag, ob du Vollzeit arbeiten kannst.

Das bisschen Arbeit hier zu Haus,
machst du doch mit links, tagein, tagaus.
Wieso schläfst du immer so früh ein,
kannst du denn nicht mal munter sein?

Reiß dich zusammen und raffe dich hoch!
Du hast `ne Familie, weißt du das noch?"

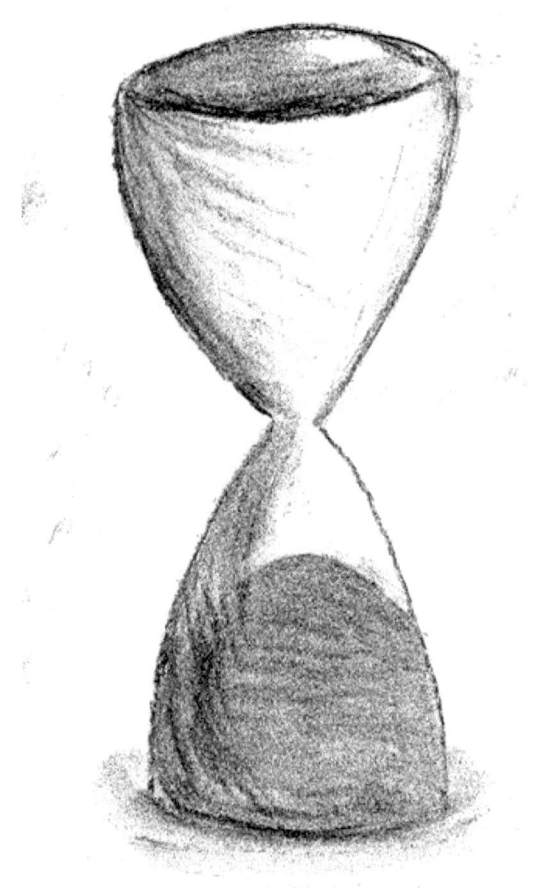

Hilflos

Ich fahre nach Hause
Verheult
Kann kaum die Straße sehen
Hab heute was Trauriges erlebt – im Heim
Wäre schön, wenn jetzt jemand da wäre, der mich – ohne zu fragen –
Einfach nur in seinen Armen hält
Aber
Auf der Straße höre ich schon meinen Mann von drinnen – schimpfend
Wie immer
Wische mir wiedermal das Gesicht trocken
Gehe rein
Die Kinder sind noch nicht da
Gut
Lautes Gemecker, ohne mich dabei anzusehen
Statt Begrüßung
Wie jeden Tag
Versuche, es zu ignorieren
Wie jeden Tag
Als Selbstschutz
Funktioniert heute nicht
Ich kann – ich will es nicht mehr hören
Sanfte Umarmung?
Nicht dran zu denken
Flucht
Will schlafen – für immer?
Endlich Ruhe?
Wie?
Tabletten – im Schrank die sind zu schwach.
Baden – mit dem Fön?
Nein – die Kinder sollen mich nicht so finden.

Die Pulsadern aufschneiden?
Dauert zu lange
Luftinjektion?
Hab keine Kanüle mehr
Erschießen?
Womit?
Aufhängen?
Kann keinen Knoten
Selbst erstechen?
Messer zu stumpf
Das Schimpfen hört nicht auf
Wie immer
Beleidigungen, Verletzungen, Schuldzuweisungen
Immer wieder das selbe
Ich nehme stumm meinen Autoschlüssel und meine Zigaretten und
Fahre los
Mein Mann?
Mir egal.
Fahre vorbei an Bäumen
Warum nicht?
Ich will keinem Lebewesen schaden
Fahre in einen Tunnel
Eine scharfe Kurve
Sehe die graue harte Wand vor mir
Soll ich? Oder - ?
Bin schon durch
Ist auch besser
Wäre vielleicht nur schwerverletzt und auf Hilfe angewiesen
Furchtbare Vorstellung
Ich fahre immer weiter
Mit schlimmen Gedanken
Vor den Zug springen –

Nein – will nicht schuld an einem traumatisierten Lokführer
sein
Bin auf einmal auf der Autobahn
Auf einer Brücke
Halte wie automatisiert auf dem Seitenstreifen
Die Autotür noch offen beuge ich mich über's Geländer
Hupen
Aber niemand hält an
Angetrieben von der Aussicht auf Erlösung sehe ich in die Tiefe,
die mir unendlich erscheint
Tief genug?
Im Tal ein Fluss
Die Sonne glitzert im Wasser
Ich – sehe nicht, wie schön das ist
Eine gefühlte Ewigkeit vergeht so
Will ich wirklich weg?
So egoistisch sein?
Gedanken jagen durch den Kopf
Zweifel machen sich breit
Zögernd gebe ich auf
Es muss eine andere Lösung geben
Für die Kinder
Und für mich
Und – für meinen Mann
So tuen wir uns nicht gut
Nochmal - ein letzter Versuch
Reden – heute
Schweißnass setze ich mich wieder ins Auto
Wie durch fremde Hand gelenkt führt der Weg nach Hause
Irgendwo fährt ein Krankenwagen mit Sirene
Wird leiser
Angekommen drehe ich mutlos den Schlüssel im Schloss
Erwarte – wie immer – nichts Gutes
Aber

Irgendwas ist anders
Was?
Aufmerksam höre ich der Ruhe zu
Ich gehe rein
Unser Hund sieht mich fragend an
Ich sehe fragend die Kinder an,
die völlig entspannt zwischen kaputtem Geschirr sitzen
einträglich nebeneinander
???
Wieso meckern die nicht gegeneinander?
Und wo ist mein Mann?
Papa ist weg
Gelöste Gesichter strahlen mich an
Wohin und warum?
Ist ausgerastet
Hat das alles zerschmissen
Und saß dann völlig apathisch in der Ecke
Der Krankenwagen hat ihn mitgenommen
Wir wissen nicht wohin
Aber ich
Wurde höchste Zeit
Ist das die erhoffte Lösung?
Bitte!

Wir wollten doch zusammen alt werden
Und Kinder
Und das Haus
Und ein Miteinander
Können wir gerettet werden?
Gut, dass ich noch da bin
Oder...?

Nur ein paar Minuten Leben

Ich bin ein kleines Küken
Und sitze auf dem Band
Und werde aussortiert
Von böser Menschenhand

Ich darf nicht älter werden
So lautet der Beschluss
Weil Jungs nicht Eier legen
Darum ich gehen muss

Ich wollte doch ein Hahn sein
Mit einem edlen Schwanz
Und um ein Hühnchen werben
Bei einem stolzen Tanz

Dann wollt` ich viele Kinder
Ganz gelb und hübsch und fein
Es sollten viele Hühnchen
Und noch mehr Hähnchen sein

Doch diese bösen Hände
Die von dem Menschen sind
Setzen dem Traum ein Ende
Und töten mich als Kind

Jetzt werde ich geschreddert
In Teile klitzeklein
Laut piepend noch lebendig
Geht's in Maschinen rein

Mensch! Denk doch mal ganz ehrlich
Ich habe auch ein Herz
Und wenn du mich da reinstopfst
Wirst hören du den Schmerz

Du sollst ihn immer hören
Dein ganzes Leben lang
Soll dich als Mensch zerstören
Nun kommt mein letzter Gang

Kaputt

Ein Trauma, nie überwunden
Grübeln – unzählige Stunden
Ergebnislos – total versunken
Alkohol, Tabletten – kurzes Vergessen
Irgendwann davon völlig besessen,
berauscht in grenzenlosen Exzessen.
Erwachen nicht mehr möglich
Verfall – stückchenweise – tagtäglich
Verzweiflung längst ertränkt,
von Fremden oft gekränkt
Angebliche Hilfe – viel zu spät
Der Anfang vom Ende schon Realität.
Sinnlos dein Dasein,
Dein Körper ist leer
Dein Blick ist tot
Kein Willen mehr.
Jemand schiebt Essen in deinen Mund,
der Hintern von nassen Windeln ganz wund,
ein bisschen gewaschen wirst du auch.
Der Pfleger stinkt nach frischem Rauch.
Was soll's – die leeren Körper riechen's nicht.
Und nebenan im Nachbarzimmer
Stundenlang schon leises Gewimmer.
Egal, jetzt ist das Licht schon aus
Der Pfleger will endlich auch nach Haus.
Hirngelähmt gestrandet im Heim
Das Totleben wird bald zu Ende sein.

Fair?

Warum ist die Welt nur so korrupt?
Hat sich im Laufe der Zeit entpuppt.
Hoffnungen platzen wie Seifenblasen,
mächtige Menschen dreschen nur Phrasen.
Ich soll für `nen Job auch noch christlich werden!
Mich auf Kommando zu Gott bekehren!
Soll ich es tun? Was kann schon passier`n –
Kann höchstens meine Selbstachtung verlier`n.
Nein! Ich lass mich nicht manipulier`n.
Keine Arbeit, kein Staat hat vorzugeben,
an was ich glaube in meinem Leben!
Ich war fast soweit,
doch mein Kopf schrie noch: Halt!
Nur wegen der Steuern für den Staat –
Das klingt für mich wie Hochverrat.
So geht man also um mit den Leuten,
eigener Wille hat nichts zu bedeuten.
Eig`ne Gedanken! Das kann nicht gehen,
passen nicht `rein in das Standardsystem.
Links und rechts – nein gibt es nicht!
Du hast nicht zu denken – du kleiner Wicht!

Irgendwer ruft an.
Die Arbeit ist dran.
„Kannst du heute auch wieder eher kommen?
`ne Kollegin hat sich`s Leben genommen.“
Automatisch sag ich: „Ist doch klar,
bin natürlich früher da.“
Doch in mir sieht`s ganz anders aus,
ich arbeite mir die Seele `raus.

Ich denk so oft – ich kann nicht mehr –
Der Kopf überfüllt, der Körper leer.
Termine hier, Termine da –
Einen verpasst? Na wunderbar!
Würd` mich am liebsten in `ne Ecke setzen
Und nicht mehr durch mein Leben hetzen.
Doch der Kontostand sagt: du musst, du musst,
sonst habt ihr bald einen Riesenverlust.

Steh' jetzt auf und streng dich an,
wenn schon keiner weiter kann!
Hätt's fast verpennt,
die Zeit die rennt,
die Katzen miauen mich fordernd an –
sind wir nun endlich mit füttern dran!
Und Klumpen musst du noch aus den Klo's fischen,
sonst musst du nachher auch noch Pfützen wegwischen!
Auch das wird gemacht
Nach `ner kurzen Nacht.
`n Pott Kaffee und `ne schnelle Kippe
Malochen, Malochen für die Sippe.
Kaltes Wasser ins Gesicht
Und dann ab zur Sonderschicht.
Scheuklappen auf, Arbeit nach Plan.
Besonderheiten? Denk gar nicht dran.
Ideen sind auch hier nicht gewollt.
Hauptsache der Rubel rollt.
Ich muss mich sehr zusammenreißen
Und mir auf die Zunge beißen.
Querulanten haben`s schwer:
„Und bist du nicht willig, da ist die Tür!"
Doch irgendwann platzt aus mir alles heraus,
dann ist`s auch mit dieser Arbeit aus.
Auf der Heimfahrt schrei ich den Vordermann an,

der absolut gar nichts dafür kann.
So geladen mache ich Halt
In dem heimatlichen Wald.
Handy aus, mich könn`alle mal…
Brauche jetzt Luft -weg mit dem Schal!
Über Wurzeln, durch Gestrüpp,
querfeldein und dann zurück.
Atemlos und ausgepowered –
Hat wohl ziemlich lang gedauert.
Von meiner Wut völlig besessen
Hab` ich wohl die Zeit vergessen.
Jetzt geht es mir besser, jetzt kann ich nach Haus.
Dort erwartet mich Applaus.
Wieso? Weshalb? Was hab` ich getan?
Und nun springt der Anrufbeantworter an.
Ich höre den Chef am Telefon,
er klingt ganz freundlich, ohne Hohn!
Glückwunsch, Kollegin, ich freu`mich für sie –
So eine hatten wir hier noch nie!
Endlich sagt wer die Meinung und haut auf den Putz,
sie steh`n unter meinem persönlichen Schutz.
Ansonsten sind sie ab heute entfristet
Und als Vollzeitkraft gelistet."

Ich zucke zusammen –
`s war doch nur ein Traum.
Sitze im Auto unter `nem Baum.
Muss wohl eingeschlafen sein,
Fassade ist eben leider nur Schein.
Desillusioniert – total kaputt –
Das Leben mal wieder ein Haufen Schutt,

trete ich langsam den Heimweg an.
Dort warten die Kinder und mein Mann.

Doch als Lebensvagabund
Halte ich lieber erstmal den Mund.
Aufgeben? Nein! Das lass ich nicht zu.

Meine Kraft kommt wieder – schreie stumm – juhu!
Ich kämpfe weiter! – hab`mich besonnen,
sonst hätte die Obrigkeit gewonnen!
Denn irgendwo auf dieser Welt
Muss es was geben, das mir gefällt!
Liebe Menschheit in diesem Sinne:
Seid einfach still und haltet inne.
Kann jeder nicht einfach nur glücklich sein?

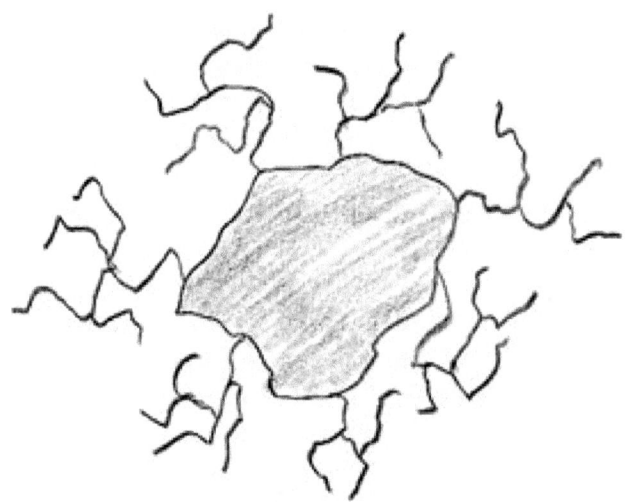

Strafe

Urteil: Tod durch Krebs – viel zu jung.
Ich – ja ich – aber warum?
Ich? Wirklich ich?
Ich! Ich! Tatsächlich!
Gestoßen in die Todeszelle
Muss hier raus aus dieser Hölle.
Kaution – OP.
Die Narbe tut weh.
Einspruch beim Todesgericht.
Bedingungen – schweres Gewicht,
Chemo, Bestrahlung, Aufschub gewährt
Mein Mut doch schon fast aufgezehrt.
Nochmal davongekommen.
Endgültig? Nein. Leben beklommen.
Schuld und Reue machen sich breit,
jetzt noch nicht – aber wann ist es soweit?
Das Gericht gibt mir schon bald Bescheid.
Zurück in die Zelle
Und wieder die Welle
Aus Freigang mit Auflagen
Heißt neue OP, Strahlen, Chemo ertragen.
Meine Kräfte schwinden
Kann keine Stelle finden
Zum Lebensmut tanken.
Beginne zu wanken
Zwischen Weiter und Resignation.
Planen wär' jetzt der blanke Hohn.
Will ich denn noch und für wie lange?
Ja, Körper, ich hab' die viel angetan.
Hab' dich missbraucht,
Zuviel geraucht,
Manchmal getrunken,

Gedankenversunken,
Zu fett gegessen,
von Arbeit besessen.
Nun wehrst du dich
Ganz fürchterlich.
Selbst Ändernwollen zählt nicht mehr –
Heilungschancen ohne Gewähr.
Wer will mich noch so?
Geschwächt – nicht mehr ich!
Sollen sich doch alle kümmern um sich!
Doch! Ich nehm' die Chance an.
Das bin ich mir schuldig,
mach' jede Behandlung ganz geduldig.
Ich bin noch nicht fertig mit meinem Leben –
Will meinem Schicksal mich nicht ergeben.
Alles wird anders – aber deswegen schlecht?

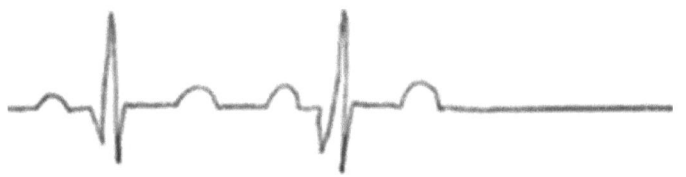

Durchgedreht

Wo führt der Weg mich hin,
den ich gegangen bin,
ziellos durch die Stadt,
die mich getötet hat?
Höre Mädchen lachen,
Jungs, die Scherze machen.
Kann es nicht versteh`n,
muss schnell weiter geh`n.
Wie kann die Sonne scheinen!
Wenn ich bin nur am Weinen!
Der Himmel sommerblau
Seh`ich nur schwarz bis grau.
Vögel singen ihr Lied,
klingt wie ein heißer Beat.
Für mich ist es wie Lärm,
kann`s einfach nicht mehr hör`n.
Friedlich wiegen sich im Wind
Blumen, wie im Arm das Kind.
Erkenne nicht das schöne Bunt,
gehe weiter Stund um Stund.
Komme an ein Fußballspiel
Langsam wird es mir zuviel.
Euphorisches Geschrei –
Muss ganz schnell vorbei!
Vor mir riesiges Geflatter,
Enten, Schwäne – nur Geschnatter
Auf dem glitzernden Gewässer.
Nicht beachten! Ist wohl besser.
Dort Polizei und Feuerwehr,
Hilfe! Ruft dort irgendwer.
Ich - apathisch ohne Regung
Bleibe weiter in Bewegung.

Immer weiter wollen meine
Laufen, laufen – diese Beine.
Hier ein Gruß und dort ein Nicken,
beachte das mit keinen Blicken.
Autos hupen mit viel Licht,
lauf kreuz und quer und merk es nicht.
Und die Ampel steht auf Rot –
Laster bremst! Sonst wär` ich tot.
Wolken ziehen, Hitze brennt,
doch mein Körper rennt und rennt.
Ausgedörrte leere Hülle,
suche nur verzweifelt Stille.
Da hinten an der Litfaßsäule
Stehen Kinder mit Geheule,
ihre Mama, die sei fort,
wissen nicht an welchem Ort.
Haben Zettel in den Händen,
verteilen sie, um sich zu wenden
an die Leute in der Stadt,
ob sie wer gesehen hat.
Kein Gefühl, leerer Blick,
immer weiter, nicht zurück.
Plötzlich hält mich wer am Arm,
brech`zusammen ohne Scham.
Kranken wagen ist gekommen
Krieg`s nicht mehr mit – total benommen,
werde ich hineingelegt,
noch immer völlig unbewegt.
Der Sani redet auf mich ein,
ich soll ganz ruhig und glücklich sein.
Die Kinder haben mich erkannt
Und sind zum Krankenhaus gerannt.
Jetzt komm ich an `nen sicheren Ort,
bekomm`dort Hilfe und kann nicht fort.

Endlich vorbei - der Stress, die Qual,
mein Zustand lässt mir keine Wahl.
SMS vom Mann geschrieben,
schwört, er wird mich immer lieben.
Doch nun hat er keine Zeit,
Arbeit wartet, tut ihm leid
Berührt mich nicht,
seh` kein Licht,
der Tunnel wird länger,
die Haut immer enger.
Bin schweißnass,
kalt und blass.
Will hier fort
Von diesem Ort.
Jemand jagt mir `ne Spritze `rein,
ich würde dann gleich ruhiger sein.
Und schon falln mir die Augen zu –
Hat`s denn entdgültig jetzt Ruh`?
Dunkle Stille um mich `rum
Keine Stimme, kein Gebrumm.
Total entspannt – regungslos
Spüre einen dumpfen Stoß.
Leute rennen hektisch `rum,
doch ich bin für immer stumm.
Für mich hat Leben keinen Sinn,
Will da bleiben, wo ich bin.
Im Nimmerland

Zweiundneunzig – Stufe 3

Habe mal wieder Geburtstag heut
Ich weiß nicht, warum sich freuen die Leut`
Sie haben auch leckeren Kuchen dabei
Für mich gibt es leider wieder nur Brei

Es ist August und den duftenden Strauß
Bringt die Schwester gleich aus dem Zimmer raus
Ich könne nicht schlafen, nennt sie dann den Grund
Ich will was sagen, doch gelähmt ist mein Mund

So, wie mein restlicher Körper auch
Zwei Schläuche ragen aus meinem Bauch
Und wenn ich könnte, ich würde mich wehr`n
Denn trotzdem kann ich doch alles noch hör`n!

Heut fröhlich lächelnd im bunten Kleid
Sonst ist meiner Tochter der Weg zu weit
Was soll sie auch bei mir am Bett
Nur Zeit totsitzen? Wie furchtbar nett!

Das Heimpersonal kommt kurz mal schauen,
um im nächsten Moment wieder abzuhauen
Dabei ist doch mein Hintern nass!
Riecht denn hier keiner irgendwas?

Mir läuft die Spucke über`s Kinn
Sie lassen sich`s schmecken und sehn gar nicht hin
Ein Nachthemd statt Blumen wär` schön gewesen
Oder einfach nur mal `ne Geschichte vorlesen.

Die Hand mir halten und von früher erzähl`n
Und nicht mit Kaffee und Kuchen quäl`n.
Sie verabschieden sich – „es war sehr schön"
Doch es hat keiner Zeit „auf Wiederseh`n"

Ich hoffe doch nicht! Und die Pein ist vorbei
Wie ich mich so fühle ist einerlei.
So, nun sind sie wieder weg
Und ich lieg` hier in meinem Dreck.

Kampf – Mampf

Sehe nach draußen
Mama am Sausen
Mit Beuteln und Taschen
Und Kästen voll Flaschen.
Hör, wie sie schleppt und ächzt
Mich nach dem Inhalt lächzt.
Hat sie Pizza und auch Eis?
Nicht nur Gemüse oder Reis!
Klingt nach Kühlschrank – auf und zu,
geht es dauernd ohne Ruh`.
Jetzt auch noch der Tiefkühlschrank-
Gebet erhört –
na Gott sei Dank.
Endlich kehrt nun Ruhe ein
Mama wird schön müde sein.
Ein Nickerchen sei ihr gegönnt,
wird ja sonst nicht grad verwöhnt.
Hör sie schon schnaufen
Ich will gleich laufen
Auf leisen Sohlen
Was Feines holen.
Freie Bahn zum Paradies
Fühl mich dabei nicht mal mies,
denn mein Zahn tropft fürchterlich
und der Bauch knurrt: „Fütter mich!"
Zuerst den Kühlschrank untersuchen
Steht darin ein leckrer Kuchen.
Ein Stückchen darf ich doch wohl haben,
daran meine Seele laben.
Fleischsalat und Joghurt fein
Soll es hinterher noch sein.
Schokopudding, Wiener Wurst

Und was gibt es gegen Durst?
Schau ich in der Kammer nach –
Liegt doch süßer Saft im Fach.
Eine Flasche steht mir zu –
Ist ausgetrunken schon im Nu.
Obst noch – der Gesundheit wegen,
sollte man doch Wert drauf legen
Banane und `ne Kiwi reichen,
jeweils von den schönen weichen.
Bäuchlein reiben
Und zwei Scheiben
Passen da bestimmt noch `rein
Mit Leberwurst vom fetten Schwein.

Magen drückt
Bin entzückt
Endlich satt
Müd und matt.
Geh ins Bett
Fühl mich fett
Augen zu komm zur Ruh.

Abgrund

Kleine klebrige Händchen an dünnen Ärmchen streicheln ihr über das aufgequollene Gesicht. Sie schiebt sie weg und lallt irgendwas von schlafen. Auf dem von Zigarettenglut zerlöcherten Sofa in dem Loch von Zimmer, in dem noch niemals Tageslicht durch die stinkenden verstaubten Vorhänge gedrungen war.

Es ist Herbst, neblig, grau, kalt, aber das weiß sie nicht. Sie friert nur und zieht sich die klamme alte Wolldecke noch weiter über den verlausten Kopf. Für eine Weile betäubt, ohne Sorgen. Vollrausch. Glück gehabt, niemand hat gesehen, wie sie die Flasche billigen Schnaps unter ihrem einzigen inzwischen viel zu großem Pullover versteckt hat. Die paar Münzen in der Hosentasche haben nur noch für zwei alte Brötchen vom Vortag gereicht.

Drei, vier Kippenstummel hat sie sich aufgesammelt. Zitternd wie eine Gejagte fand sie nun um sich schauend, taumelnd den Weg nach Hause. Einen Schlüssel hat sie nicht, braucht sie auch nicht, die Tür zu dem Loch hat nur eine Klinke. Und außer Armseeligkeit und Dreck und einem völlig unterentwickelten Wesen ist dort sowieso nichts zu finden. Ein Klo? Ja, auf halber Treppe, kalt, Plumpsklo. Wasser? Manchmal und nur kaltes. Aber Strom gibt's und eine nackte vergilbte Glühbirne erhellt das Loch nur spärlich. Ein bisschen Wärme vom brandgefährdeten Nachtspeicherofen lässt sie nicht erfrieren. Nicht in der Lage, was anderes zu suchen oder sich Hilfe zu holen, ist sie dort gelandet. Erst war noch ein Typ dabei, aber irgendwann war er weg, sie ganz allein. Sie wusste gar nichts, außer dass Alkohol vergessen lässt. Das Geld dafür „verdiente" sie sich....

Manchmal, wenn einer ihrer Kaufhallenkumpane die fällige Sozialhilfe bekam und sich an zwischenmenschliche Bedürfnisse erinnerte, taumelten sie, sich gegenseitig führend, zusammen in die Bude oder landeten ganz und gar im Gebüsch. Zur Belohnung überließ er ihr dann großzügig seine halbleere Pulle Hochprozentigen. Manchmal klapperten sie auch die Mülleimer nach Pfandflaschen ab. Das reichte dann für billigen Fusel. Hunger kannten sie schon lange nicht mehr. Tatsächlich steckten ihr hin und wieder der eine oder andere „hilfsbereite" Nachbar ein bisschen Klimpergeld zu. Schlechtes Gewissen? Weil sich das ach so anständige Söhnchen mit seinen wohlerzogenen Freunden wiedermal öffentlich über sie lustig gemacht und gefobbt hatten?

Niemand bemerkte, dass in diesem erbärmlichen menschlicher Wrack ein kleines Schicksal heranwuchs. Sie selbst? Nein. Irgendwann, wie fast immer im Tee, kam ihr Kind. Die komischen Schmerzen hatte sie betäubt, war nicht bei Sinnen, dass etwas anfing zu weinen. Plötzlich nahezu nüchtern nahm sie es instinktiv an die Brust, die irgendwie anders war als früher, und wickelte es mit sowas wie einem Handtuch ein. Panik. Was soll sie jetzt machen damit? Immer noch benebelt von Alkohol und Schmerzen erinnerte sie sich, dass ihre Mutter bei einem ihrer vielen kleinen Geschwister einen Strick um die Nabelschnur geknotet und dahinter abgeschnitten hatte. So machte sie es auch, mit ihrem stumpfen verrosteten Taschenmesser. Es dauerte eine Ewigkeit bis sie durch war. Den anderen Klumpen, der inzwischen aus ihr herausfiel, warf sie später in irgendeine Mülltonne, zusammen mit dem blutigen Handtuch.
Irgendwann hatte sie mal einen Sack mitgeschleppt, der neben dem Kleidercontainer stand, aus dem sie nun ein paar Klamotten herausholte, ein Teil stopfte sie sich zwischen die Beine, denn das Blut lief unentwegt. In einen anderen Fetzen wickelte sie das inzwischen schlafende Kind. Auch für sich fand sie was neues Altes. Für ihre Verhältnisse sauber wie schon Jahre nicht mehr, quälten sie dennoch die Schmerzen. Ihre

nicht lange vorher „verdiente" Flasche stand verlockend vor ihr. Die einzige Lösung. Betäuben. Nichts hören, nichts sehen – so, wie ihre ehrenwerten Nachbarn.

Das Kind ohne Namen lag neben ihr auf dem dreckigen breiten Sofa. Und immer, wenn es anfing zu weinen, nahm sie es irgendwie an die Brust und schlief wieder ein. Kind auch. Wenn der Rausch vorbei war, machte sie sich wieder auf die Straße – Nachschub besorgen. So, wie schon immer. Und trotzdem anders. Die schmutzige Kindwäsche, voll mit Kot und Urin, entsorgte sie in einen der Müllcontainer in der Straße. Und irgendwann, als „Kind" weiterschrie, obwohl es an der Brust war, bezahlte sie an der Kasse nicht mehr nur Schnaps (meistens) und altes Brot, nein jetzt war sogar manchmal Milch dabei. Natürlich fiel es den Verkäufern auf, aber sie wollten „es" nicht wissen. Alles andere blieb beim Alten.

So überlebten sie beide eine ganze Zeit, Kind lernte sogar laufen. Glück gehabt, die Nachgeburt hat das meiste Gift aus dem verseuchtem Mutterblut herausgefiltert.

Eines Tages kam es, wie es kommen musste.

Das kleine Wesen, an dem die dünnen Ärmchen hingen, hatte Hunger und Durst und weinte und wollte seine Mutter wach bekommen – mit streicheln. Umsonst.

„Es" wollte `raus. Barfuß und in einem viel zu großem T-Shirt versuchte „es", an die Türklinke zu kommen.

Wieder umsonst. Zu klein. Lautes Weinen. Niemand hörte es. Aber es war schon groß genug, um auf den uralten Sessel bei den ewig zugezogenen Vorhängen zu klettern.

„Es" schaute dahinter, wobei bei jeder Berührung des morschen Stoffes der Staub von vielen Jahren herabfiel. Durch die vom Weinen geschwollenen Augen sah „es" Leute auf der Straße vorbeigehen. Ja, das erste Mal andere Menschen als seine Mutter und ihre „Besucher", die das „Kind" gar nicht wahrnahmen. „Es" trommelte gegen die Scheiben und schrie herzzerreißend bis die Frau von gegenüber herübersah. Sie wusste, dass da die Pennerin haust, aber das Kind?! Woher? Wie? Wann?...

Die Pennerin schlief weiter, bekam nichts mit.

Sie regte sich überhaupt nicht, auch nicht, als die Polizei, die „die von gegenüber" verständigt hat, an ihr rüttelte.

Auch der wenig später eintreffende Notarzt konnte sie nicht wecken - nie wieder. Diesmal war die Dosis zu hoch für den abgemagerten ausgelaugten und verseuchten Körper. Der Leichenwagen holte den „Rest Mutter" ab.

Eine Dame vom Jugendamt war auch schon da und sprachlos nahm sie das „Kind" auf den Arm. Die Frau war „überwältigt" vom Zustand vor Ort. Noch nie hatte sie sowas gesehen. Völlig verwahrlost wurde „Kind" ins Krankenhaus gebracht, untersucht und aufgepeppelt. Gerettet.

Die Mutter? Zu spät!

Hilfe? Nie erfahren!

Warum?

Nachbarn, Verkäufer, Passanten –

alle blind, taub und stumm.

Darum!

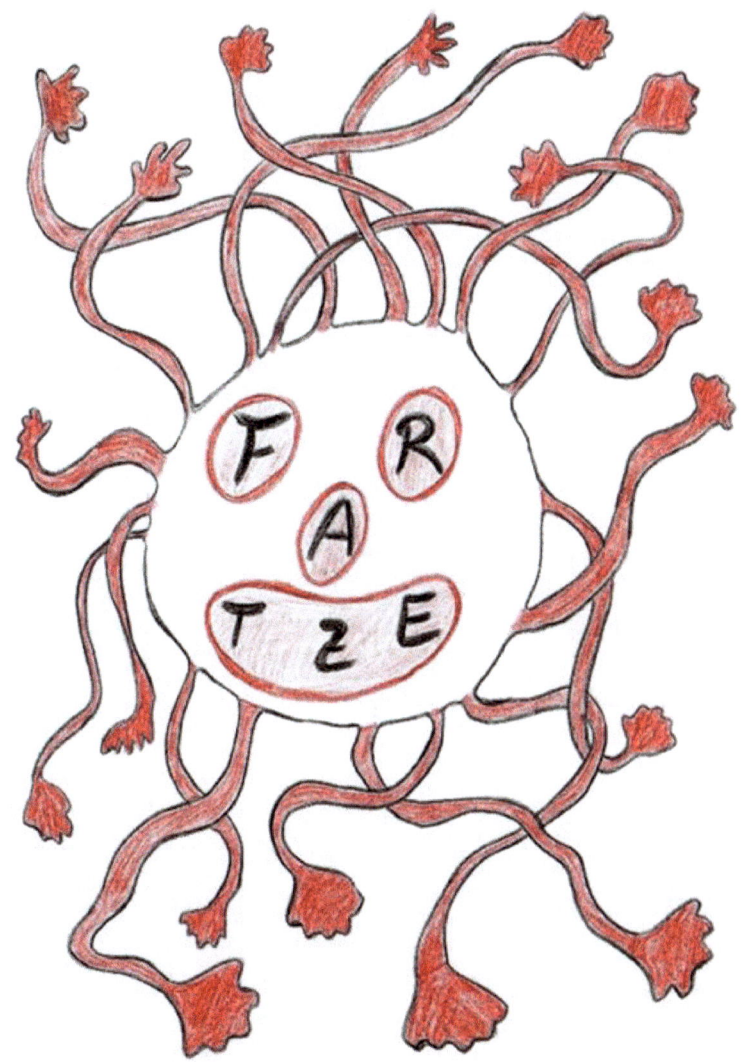

Nein! Ich doch nicht! Das ist bestimmt ‚ne Verwechslung. Ich geh' jetzt einfach weg und lass den Befund in der Praxis, so, als ob ich gar nicht hier war.

Auf dem Weg nach Hause war sie wieder da, diese blöde Atemnot. Ist sicher die Wärme heute, die anderen schwitzen und stöhnen ja auch. Außerdem darf ich das, bin eben doch nicht mehr die Jüngste.

Zu Hause war niemand. So konnte ich mich unbeobachtet erstmal in Ruhe von der Anstrengung erholen. Und von dem Arztbesuch.

Schon vergessen. Jawohl. Dachte ich, bis sich das Piepen vom Anrufbeantworter in mein Bewusstsein fraß. Ich wusste schon vorher die Nummer, die ich dann tatsächlich auf dem Display sah. Der Doktor. Augenblicklich lief mir das Blut aus dem Gesicht, wie der Sand in einer Sanduhr. Nein!

Nervös sinnloses Zeug hin- und herräumend lief ich vor dem Telefon auf und ab. Ignorieren. Ja, ignorieren. Im Ignorieren bin ich richtig gut. Anrufbeantworter aus, Pott Kaffee und ab auf den Balkon. Wer weiß, was die Zukunft bringt. Zukunft? Mist! Schon wieder so ein zweideutiger Gedanke! Weg damit! Ein bisschen Radio kann nicht schaden. Mal hören, was es Neues gibt auf der Welt.

Inzwischen ist die Farbe in mein Gesicht zurückgekehrt und Luft holen – kein Problem.

Also hole ich mir noch meine selbstgestopften Pfeffis, denn, was nach Pfefferminze schmeckt, kann doch nicht schädlich sein!

Uff! Warum entschuldige ich mich bei mir? Mir geht's doch gut!

So, nun Beine hoch, Sonne ins Gesicht und genießen. Die Gelegenheit zum Genießen – den restlichen Tag alleine, schönes Wetter und ignorieren. Ignorieren besonders.

Eine halbe Stunde Ignorieren ist vergangen bis ich gemerkt hab', dass mein Ignorieren eigentlich nur mein Grübeln und Zweifeln ankurbelt.

Die warmen Strahlen vom Himmel und die Radionachrichten sind gar nicht bei mir angekommen. Verdammt, nun hat mich der Strudel doch erwischt und mein Ignoriergestrampel war zu schwach. Kopfschmerzen.

Immer wieder die Worte des Arztes. Immer wieder und wieder, wie eine Bandansage für ,ne Warteschleife. Wieder und nochmal und nochmal! ,Hör auf!' Und immer wieder die bohrende Frage – wie geht's weiter?

Der Doktor wollte es mir sagen, ich bin gegangen. Und jetzt sitze ich hier – ein einziges Fragezeichen, vollgestopft mit Nichtwissen, Selbstbeschiss, Spekulationen und eingebildeter Ignoranz.

Ja „Leben". Was bedeutet das aber für mich ab heute? Ja, ich wollte ignorieren – kann das auch, solange es harmlos ist und nichts direkt mit mir zu tun hat.

Heute klappt es nicht. Das hier, das bin doch das ganze „Ich". Na klar würde ich meinen Lebenslauf auf einen früheren Zeitpunkt zurücksetzen wollen, eine „Reparatur-App" starten und alle „Bedrohungen" ausmerzen und eine „Firewall" für mein „Ich" installieren. Mein „Ich" ist doch wie alle Ich's das hochentwickeltste Etwas auf der Welt. Warum wurde das Schutzprogramm für den Organismus nicht runtergeladen! War kein Platz mehr auf der Festplatte?

Stopp! Ich! Die Phantasie erobert gerade meinen Kopf. Zuviel davon und ich drehe durch. Gar kein schlechter Gedanke, denn dann kann mir sowieso alles egal sein. Nee – bin ich nicht. Langsam sortieren sich meine Hirnzellen. Ist nicht meine Art, vor irgendwas davon zu laufen. „Irgendwas" ist immer schneller und holt mich mit seinem hämischen Fratzengesicht ein. Und ich beschließe, mich der Fratze zu stellen und zu kämpfen. Fratze verletzen, ausbluten. Aber wie sieht meine Fratze aus?

Der Doktor wollte sie mir zeigen und hatte sogar schon eine „Antifratzenstrategie" im Angebot.

Und ich?! Feigling!

Wut kommt auf. Wut auf Menschheit und die Evolution. Hat die Entwicklung nicht an die „Hacker" gedacht?!

Veränderung im „Ich".

Ich denke, genug Wut gespeichert zu haben, um mit Dok's „Antifratzenplan" und meiner Wut-Rüstung aus Kettenhemd, Schwert und Schild gegen meine persönliche Hacker-Fratze in den Kampf ziehen zu können.

Ich schalte den Anrufbeantworter wieder an.

„Hallo, hier ist der Doktor. Leider kann ich ihren Befund nicht ändern. Mein Angebot kann sie aber davor schützen, dass ihre „Fratze" sie einholt. Man kann versuchen, davonzulaufen, immer einen Schritt schneller sein. Dabei wird der Schatten immer an ihren Fersen kleben und größer und größer werden, sie mit seinen Fangarmen anstupsen, festhalten und zu Fall bringen. Wir können die Fangarme stutzen, wenn sie wollen. Die Entscheidung liegt bei ihnen.

Denn jeder trägt die Verantwortung für sich selbst."

Mit meiner Wut und dem Tritt in den Hintern vom Dok. mache ich mich auf den Weg in die Praxis – eine halbe Stunde vor Wochenende.

Auf dem Heimweg – zum zweiten Mal – hatte ich anderes Gepäck als noch vor ein paar Stunden. Mein Rucksack war gefüllt mit Hoffnung, Mut und einem Plan.

Ich lass mich nicht von den hässlichen „Fratzen" überholen und auslachen!

NEIN! Nicht ich! Ich bin stärker

Genau! So klingt mein inneres ICH!

Gestärkt und im Reinen mit mir selbst genieße ich das letzte Stück Heimweg, nehme die herrlich bunten Blumen auf den Wiesen und das Zwitschern der Vögel auf meiner Festplatte auf, als wäre es das letzte Mal.
Das letzte Mal? Kommt gar nicht in Frage!
Fratze – ich komme!

Müde

Ich bin zu müde
Zum ausruhen
Zu viele Gedanken machen mich müde
Zu müde zum Gedanken sortieren
Gehirnwindungen ständig in Bewegung
Finde keinen Weg
Komme nicht durch
Zu müde
Zu müde, mich zu wehren
Zu müde zu antworten
Zu müde zum streiten
Streiten macht müde
Zu müde für Emotionen
Totale Leere füllt meinen Körper aus
Regungslos
Lebendig tot
Starre stumme Lethargie
Wache ich wieder auf?

Falsches Spiel

Gehetze
Geschwätze
Hintenrum

Hecheln
Belächeln
Jederzeit

Fingerzeigen
Plötzlich schweigen
Heimlichkeiten

Fehler provoziern
Leistung ignoriern
Falsches Spiel

Mit Worten verletzen
Gefühle zersetzen
Seele zerstörn

Vertrauen missbrauchen
In Scham untertauchen
Selbstzweifel schürn

Den andern vertreiben
Die Hände sich reiben
gebrochener Mensch

Macht ausnutzen
Persönlichkeit stutzen
Marionettenspiel

Mundtote Untertane
Hörige Karawane
Befehlsempfänger

Eigner Arsch an der Wand
Vom Clan der Macht in der Hand
Selbstwert begraben

Entsetzen wird Wut
Schürt Verachtung die Glut
Lächerliche Spielfigur

Traurig

Na, zu viel versprochen?

Kommentare, Hinweise, Fragen
könnt ihr unter meiner E-Mail:

sabine-gleißberg@t-online.de

loswerden.

Eure Sabine Gleißberg

Herstellung und Verlag:
BoD - Books on Demand, Norderstedt
ISBN 978-3-7460-4919-9